Contents

6. 고백과 기도의 삶 / 63
· 나의 기도/ 기도/ 치유/ 살얼음/ 영광의 왕 3/ 사랑이 머무는 곳

7. 추억과 만난 그리움 / 71
· 장독대/ 고향 친구들/ 검정 고무신/ 사과/ 장작/ 국밥 한 그릇/ 야유회/ 죽마고우

8. 감사 찬양 / 81
· 참 좋은 예수님 2/ 감사의 찬양/ 그 언덕에서/ 햇살 널 그리며/ 감사와 찬양/ 주께 감사/ 그대 가을노래/ 참 좋으신 예수님 5

9. 나의 신앙 나의 삶 / 93
· 은혜의 강가로/ 성찬식/ 연자 맷돌/ 천사도 흠모하는 것/ 걸어온 발자취/ 소풍/ 최고의 노래/ 샬롬/ 만족/ 내 마음에/ 주님 사랑/ 복 있는 자/ 마음에 합한 자 1/ 마음에 합한 자 2/ 주님 사랑 5/ 푸른 꿈 2

10. 순례자의 여정 / 111
· 기다림 5/ 하나님 선물/ 천로역정/ 진동하지 않는 나라/ 순례자/ 천국/ 하나님 나라/ 하늘 본향/ 푸른 꿈 2

11. 한시(漢詩)와 산책 / 121
· 敬賀 由南 申碩煥 先生님 古稀宴/ 慶賀昌信開校百周年/ 祝 昌原發展/ 창신이여, 그 이름 영원하여라

해설 / 김홍식 (목사/시인) **128**

목 차 Contents

권두언 / 03
추천사 / 05

1. 자연과 데이트 / 09
- 생명의 주/ 입춘 한파/ 이른봄 매화꽃/ 가을 바람/ 겨울 항구/ 겨울 바다/ 겨울 달/ 코스모스/ 낙엽밟는 소리/ 동백꽃 2

2. 시간을 데려가는 세월 / 21
- 1월은/ 봄이오는 길목/ 새해 결심/ 새해 소망/ 달려가는 시간/ 날 데려간 세월/ 세월/ 결산을 생각하며/ 저녁해/ 눈오는 날/ 마지막 달력

3. 시인의 메모 / 33
- 시향/ 문을 여니/ 어린 꿈/ 마음 문/ 건축/ 웃음꽃/ 어린새/ 푸른꿈/ 공감 2

4. 고마운 이들 / 43
- 첫눈 위의 고백/ 첫눈 내린 날/ 인향/ 좋은 이웃/ 꽃님/ 겨울 첫사랑/ 소중한 당신/ 덕담/ 만남

5. 생각이 걸어오는 오솔길 / 53
- 나이 든다는 것/ 몽당연필/ 도끼/ 밥/ 명품인생/ 나그네/ 사랑에는/ 성숙

차 있어 좋습니다.

 본 시집을 통하여 자연의 노래를 감상하고 잊고 살았던 추억과 그리움을 꺼내 볼 수 있으며 삶의 철학을 엿볼 수 있으며 한학자로서 한시를 감상해 볼 수도 있습니다.

 앞으로 이어지는 작품집에서 더욱 많은 독자들의 공감과 사랑을 받는 작품들이 계속 이어지기를 기대하면서 박수로 격려하며 추천드립니다.

　　　　똘레랑스시인학교 대표 신광열(목사/시인)

| 추천사 |

첫시집
"소중한 당신"을 축하드리며

신 광 열
시인/목사

안승기 선생님은 약 30여년 전부터 알고 지내던 막역한 사이로 목회자로 임직받고 시인으로 문단에서 다시 만나게 되어 감회가 새롭습니다.

금번에 첫 시집 "소중한 당신"을 상재하니 설레는 마음으로 기쁘게 추천하며 아울러 축하의 뜻을 전합니다.

 안승기시인의 시는 그 성품에서 우러나듯 자연속 아기 들꽃 같은 순수함이 그대로 투영되어 나타납니다. 화려한 꾸밈없이 담백하게 표현해내는 특징을 가지고 있습니다.

 또한 선비의 향이 스며있어 품위와 여유로움이 작품 행간에 숙성된 장맛같이 발효되어 나타납니다.

그리고 목회자로서 하늘을 향한 소망과 뜨거운 신앙의 작품, 은혜와 감사의 주제 소재등이 석류알처럼 빼곡히 들어쁘고 행복합니다.

평소에 존경하는 두 분이 계십니다

바로 추천사를 작성해 주신 신광열 목사님과 평설을 작성해 주신 김홍식 목사님, 이 분들의 가르침과 격려가 오늘의 시집이 나올 수 있었음을 감사드립니다.

또한 이 시집이 출간되도록 격려해 주신 평강출판사 대표 황순일 장로님과 죽마고우 친구들과 창신학교 동료 선생님들과 고마운 모든 분들께 진심으로 감사드립니다.

사랑하는 아내와 두 아들에게 감사한 마음을 전하고 싶습니다.

| 권두언 |

첫번째 시집을 내면서

안 승 기

꿈 많던 어린 학창시절부터 시를 쓰고 싶어 습작을 거듭하며 대학교와 국어교육대학원에서 시창작 강의를 관심있게 듣고 배웠습니다.

하나님의 은혜로 시인으로 등단하여 샘문시선의 사립문에 걸친 달 그림자, 아리아 자작나무 숲 시가 흐르다, 시 별을 보며..., 우리집 어처구니는 시인, 고장난 수레바퀴, 첫눈이 꿈꾸는 혁명, 바람을 연모하는 꽃, 리라꽃 그늘 아래서, 개봉관 신춘극장 등과 한국문학의 호모 노마드투스, 경남기독문학의 11, 12, 13집과 문학신문의 대한민국시인100인 시선집 등 공저시집과 노벨재단 주최 대한민국노벨문학상최초수상 유명작가 111인 시화전 2025년 3월 국회미술관 전시 참여 등 공저시집을 많이 출간하다가 그동안 경남기독문인회에서 활동하면서 써 놓은 시들 중에 일부 선별해서 첫시집을 출간하게 되니 하나님의 은혜에 감사드리며 기

01
2025.04

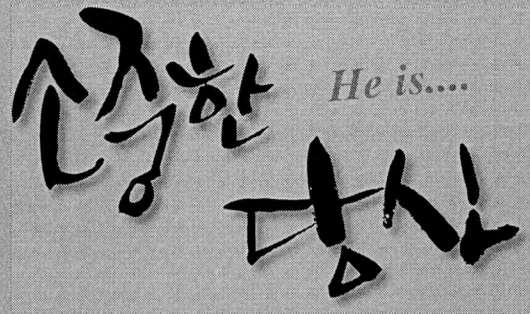

안승기 목사 첫번째 시집

도서출판 **평강**

제1부
자연과 데이트

생명의 주

모든 人生은
하나님으로부터
壽命의 期限을
타고나
품부해 주신
生命의 分量만큼
살다가 가지요

모든 生命은
創造主
하나님의 것
生命의 主이신
하나님이
주신만큼 살다가
김天하지요

빛으로 오신
예수님을 믿는 자는
永生과 子女가 되는

權勢를 주셨으니
感謝한 마음으로
주신 使命 堪當하며
잘 살아가도록 해요

입춘 한파

입춘이면
봄냄새가 풍겨야 하는데
뼈에 스미는 한파
매섭기만 하구나

입춘이 지났으니
따뜻한 햇볕
포근한 바람 부는
새봄도 멀지는 않겠지

이른 봄 매화꽃

잔설 속에 초연히 핀
새봄의 傳令使 해맑은 매화

화사한 미소 햇무리 사이
순결한 절개 고혹한 자태로
미소향 풍기네

風韻과 冷淡
신선하고 담백하며
맑은 기운으로
향기(香氣)와 춘휘(春輝)로
봄이 피어나고
속삭이며 사모하네

칠십 년간 예찬한
퇴계의 매화시를 피워 낸 너
고요한 시심이 심연에 물결칠 때
영혼이 녹아내리는 애뜻한 향기
봄바람에 실려오네

가을 바람

선선한 가을 바람
소소솔 불어오니
내 깊은 가슴속까지
시원하고 평안해

오색향 가을 바람
푸른 하늘 해 달 별
갈바람과 손잡고서
넘실대는 황금 들판
결실도 풍성해

잘 익은 가을의
환상적인 아름다움
즐거이 예찬하며
주님 은혜 찬양해

겨울 항구

부산항 수출선은
세계로 항해하니

찬바람 추위에도
땀방울 흘리면서

일과에 분주한 항구
새 희망을 꿈꾼다

겨울 바다

숨쉬는 파도소리
쏴아쏴 철석철석

겨울의 파도소리
인고의 노래

고통을 감내하며
생명을 잉태하는

큰 가슴 겨울바다
한겨울을 버텨낸다

겨울 달

계속해서 바라보면
부드러운 빛 몽환의 수줍음

고운 달 인생 친구
사색의 예쁜 샘터

함초롬 겨울 달빛
은은하게 안아보면

부드럽게 빛 흘리며
차거운 삶 따뜻이 위로한다

코스모스

코스모스가
가녀린 소녀들 같아요

정다웁게 각양각색
진귀한 옷 입고서

가을바람
살랑살랑 패션쇼하고

하늘하늘 춤추면서
미소짓네요

순결한 소녀들 수줍음 타고
날씬한 미녀들 부끄러워해요

가을 향에 젖어
내 마음도 코스모스

낙엽밟는 소리

시가
낙엽을 밟으며

산새소리 처럼
낭송을 하네

아
나도 한때는

낙엽 밟는 소리같은
그런 행복 있었다네

동백꽃 2

매서운
추위에도
피워낸 단심
붉은 절개 지조

열정을
가슴담아
하늘 향해서
기도하는 함성

제2부
시간을 데려가는 세월

1월은

한해의
첫째 달
멋지고 좋은 달

일년의 장남으로
소망을 품은 달

꿈과 비전 가진 달
밝고 희망찬 달

봄이 오는 길목

살을 에는 입춘한파
매섭게 칼바람 불고

막바지 눈이 내려
희망의 봄을
가로 막지만

봄이 오는 길목엔
순결한 매화꽃이
벌써 미소짓고
노래하며 기다린다

새해 결심

결심 따라 항로 결정
새해 결심 바로 할 때
하나님의 축복 함께
복된 삶을 살아가요

몸과 마음 뜻 다하여
예수님을 사랑하고
우리 삶의 주인으로
모시고서 감사해요

새해 소망

살아계신 하나님을
갈망하며 사모해요
하나님께 소망두고
도우심에 감사해요

하나님은 사랑으로
구원하심 은혜 감사
우리들을 훈련하신
주님 손길 기억해요

주 하나님 바라보며
하나님께 소망둬요
바위시요 산성이신
하나님만 의지해요

하나님께 소망두니
은혜사랑 충만하고
살아갈 힘 공급하셔
기쁨평안 가득해요

달려가는 시간

가나다라마바사아자차카타파하

시간은 섭리 따라
쏜살같이 날아가노니

우리인생 일방통행 한 번 뿐이라
살아생전 사명감당 주님 의지해
보람되고 복된 삶을 영위하세나

날 데려간 세월

날 데려간 세월아
지나온 그 시간
돌이켜보니
후회도 있지만
보람도 많구나

정든님과 함께
첫사랑 주님을
사모하고 생각하며
의지하고 순종하며
남은 사명 감당해요

세월

무심히 흘러가는 세월을
무정하다고 탓하지 말게

살다보면 주의 은혜로
기쁘고 좋은 날도 온다네

하나님은
시간을 공평하게 주시는데
소중하게 사용하면
보람찬 미래 다가온다네

결산을 생각하며

청소년시절
약동하는 연두빛
꿈도 많았지

장년시절
녹음짙은 푸른빛
치열하게 살았지

중년시절
풍성한 황금빛
결실을 맺고

말년을
갈무리하는
노을빛 결산

봄 여름 가을 겨울
인생의 사계

저녁해

아침해는
밝고 힘차게 솟아올라
희망을 보여주고

한낮 중천에 뜬
태양은 이글거리며
치열한 삶 보여주며

저녁해는
붉게 타는 노을로 마무리하니
우리네 인생과 흡사하구나

눈오는 날

겨울은
백의의 천사가
하얀 눈꽃을 데려와
눈 세상을 만든다

겨울은
성찰하는
결산의 시간
심신을 씻는다

마지막 달력

일년을 쉬지 않고
달려온 달력

모든 대소사
일정도 소화하니

체력도 튼튼하고
정신력도 강인하데

올해도 얼마 안 남아
아쉬운 맘 뿐일세

제3부
시인의 메모

시향

시향에 도취되어
시간 가는 줄 모른다네

세상에 이런 기쁨
시짓는 행복

시작詩作에 빠져사는
행복하다 내 인생아

문을 여니

아침 문을 여니
맑고 고운 싱그러움이
시원한 바람과 함께
들어오니 상쾌하다

내 마음을 여니
주님이 들어오셔서
인도하시고 보호하시니
기쁘고 감사할 뿐

어린 꿈

푸르른 창공을
자유로이
나르는 날을
꿈꾸는 어린 새

장차
나라와 민족의
미래를 짊어질
동량이 될 어린이

마음 문

마음의 대문 활짝 열어서
길과 진리 생명이신
주 예수님 영접하니
기쁘고 행복해요

하나님의 말씀과 뜻에
순종함이 축복의 길이요
진정으로 형통한 삶은
하나님께서 인도하시고
섭리하심을 믿어요

하나님이 동행하셔서
누리는 놀라운 축복
온전히 하나님의
주권과 능력을 믿고
순종하며 감사드려요

건축

우리 주님 계신 곳에
은혜가 넘쳐 흘러
우리에게 평강 기쁨
충만케 하시네요

주 예수 동행하시니
주님의 몸된 교회
은혜 넘쳐 성장 부흥
새 성전 건축 소망
성령충만 기도응답

웃음꽃

꽃중의 꽃
밝고 환하게 빛나는
아름다운 꽃

우리 인생
살맛나게 하는 꽃
기쁨과 평강 넘치는

웃음꽃

어린 새

어린 새
귀여우면
그냥 보시라
자연에 맡기라

어린 새
사랑하면
그냥 두시라
신이 보살핀다

푸른 꿈

드높은
하늘 향해
펼쳐진 푸른 꿈
가슴속 큰 소망

마음을
담아 내는
샘솟는 시로
주님을 찬양해요

공감 2

(공)
공손한
자세로
상대 입장에 서서
경험한 바를

(감)
감사한
마음으로
이해하거나
생각함이다

제4부
고마운 이들

첫눈 위의 고백

첫눈이 살포시 내리는 어느날
첫사랑에 마음이 설레던 날

연분홍빛 볼 어여쁜 미소
백옥같이 어여쁜 다정한 표정

그대 손잡고 떨리는 음성으로
좋아해요 고백하니
수줍어 부끄러워하던 님이여

나 그대에게
첫눈 위에 사랑을 고백하던 날
지금도 아련한 그리움이 붉다

첫눈 내린 날

첫눈이 내리면
순결한 첫사랑 그리워지니

배꽃같은 첫눈은
창조주의 축복이다

순백의 대지위에
우뚝선 종소리 청아하다

은은한 커피향에
기쁨을 타서 음미하니
천사같은 첫눈은 감미롭도다

지금도 첫눈은
보고픈 사람의 두손을 잡고
행복을 맛보는 선물이다

인향

그대의 향기 좋아
담소를 나누면서

인향에 도취되어
시간도 잊은 듯

기쁘고 따뜻함 속에
행복한 즐거움

좋은 이웃

좋은 이웃은
서로 이해하며
배려하고

서로 돕고
위해 주며
정겹게 살아가지요

남들이 먼저
좋은 이웃 되어주길
바라기 보다

내가 먼저
좋은 이웃 되는지
돌아 봐야지

꽃님

고웁고 아리따운
꽃보다 예쁜 그대

꽃향기 넘쳐나는
어여쁜 미소천사

그립고 보고픈 님
사랑스런 고운님을

오매불망 잊지못해
꿈에서도 생각해

겨울 첫사랑

따뜻한
사랑으로
군고구마를
건네주던 천사

아련한
첫사랑의
정겨운 눈빛
싱거러운 미소
아름다운 추억에
겨울이 따뜻하다

소중한 당신

내 인생에서
당신이 있어 행복해요

당신이 있어
온 세상이 아름다워요

당신과 함께 하니
기쁘고 즐거워요

주안에서
믿음과 소망을 갖고
사랑하며 살아요

덕담

새해설날 아침부터
희망주고 기쁨주는
위로격려 좋은덕담
나누면서 살아가요

주님주신 복된인생
감사하며 사명감당
살아생전 가치있고
보람있게 살아가요

만남

삶 속에서 좋은 만남
큰 은혜요 주님 축복
인생 만남 선택 아닌
하나님의 섭리예요

하나님이 우리에게
만남 축복 주시오니
인생 삶에 잘 만남이
진실로 큰 은혜요

하나님이 주옵시는
축복의 때 잘 만나요
때를 따라 도우시는
하나님의 자비예요

하나님을 만난 삶이
복된 인생 생명 근원
하나님과 교제 속에
지혜 평안 얻어져요

제5부
생각이 걸어오는 오솔길

나이 든다는 것

나이가 든다는 것은

每事에 너그러워지고
理解心이 많아짐이다

易地思之의 心情으로
立場바꾸어
생각하고 용서함이다

慾心도 버리고
마음을 비울 수 있고
柔順해지며
부드러워짐이다

몽당연필

긴 연필 어느듯
몽당연필 되어

필통 속에서 오손도손
도토리 키재기

어린시절
추억을 그리며
행복감에 젖어요

내 인생도 주를 위해
몽당연필 되겠어요

도끼

인생을 살다 보면
믿는 도끼에 발등 찍히는
사람들도 있다

자기 도끼에 발등 찍히는
사람도 있으니

도끼는 믿을 것이 아니라
조심해야 하는 것
自重自愛해야지

밥

밥은 力
밥힘으로
살아가면서
幸福을 꿈꿔요

밥은 情
人情속에
觀心과 配慮
사랑이 싹터요

밥은 康
健康이다
밥 한술 속에
살이 오르내리고

밥은 利
요즈음은
햇반이 나와
참 便利한 世上

명품인생

자기를 부인하고
주님께 충성하고
오직 순종해요

주님과 동행하니
놀라운 은혜
크신 사랑 감사

하나님 형상 닮은
믿는 자녀는
진정 명품인생

나그네

소풍가듯
천성 향해가는
순례자이니
즐거이 나그네 인생길
걸어가요

주님 인도하시니
삶의 영고성쇠 희로애락
웃으며 행복하게
함께 걸어요

사랑에는

사랑의 종류는
아가페와
필레오와
스테르고와
에로스가 있어요

사랑은 아끼고
귀중히 여기는 마음과 행동
하나님의 본성이예요

에로스는
육체적인 사랑
자기의 만족을 추구
자기중심적인 사랑이예요

스테르고는
가족 구성원 사이에
존재하는 사랑과 헌신
공동체의 책임감
소속감 유대감 이예요

필레오는
지인 사이에 느끼는
애정이나 친분과 우정
상호교감으로 느끼는
잘 어울리는 사랑이예요

아가페는
존재의 가치에 대한 사랑
성경이 가르쳐 주시는
하나님의 사랑이예요

성숙

어린 미숙이를
잘 돌보고
격려해서

성숙이가
되도록
최선을 다하면

우리 인생
보람되고
행복하겠지요

제6부
고백과 기도의 삶

나의 기도

달이 백옥같이 밝고
바람이 싱그러워 좋은 날
시를 짓고 읊조리게 하소서

감사하는 마음으로
생을 알차게 엮어가게 하소서

천지의 아름다운 공간 속에서
하늘을 우러르며 송백의 늘푸른 기상을
본받게 하소서

각박한 세상살이
지난 날 아름다운 추억 생각하며
마음의 여유 갖고 인정과 은혜 베풀며
용서하며 사랑하게 하소서

서창 너머 모든 사물을 새롭게 보며
청정한 마음으로 기도하게 하소서

그렇게 우리들의 인생이
우리들의 우주가 영원히 물들게 하소서

기도

하나님의
은혜로
풍성한 결실을 맺어
나눔의 삶을
살게 하소서

주님 사랑에
감사드리며
주님을 위하여
무엇을 할 것인가
생각하게 하소서

성령님의 감화로
자신을 돌아보고
성찰하면서
새로운 다짐을
실천하게 하소서

치유

주님께
은혜를 받으면
다시 살아나는 역사
회복의 역사
치유의 역사가 일어남을
깨닫게 하옵소서

때를 따라
돕는 은혜 얻기 위하여
생수의 근원되시는
주님을 만남으로
마음과 삶에 모시게 하소서

회복의 역사
치유의 역사
풍성하게 채워주시는
놀라운 은혜가 임하게 하시고
삶 가운데
풍성한 열매 맺게 하소서

살얼음

살얼음판 같다
건너갈 수 있을까
앞날이 불안한
우리나라 우리 사회

진보와 보수
좌파와 우파로 갈라져
탄핵찬성 탄핵반대
극과 극으로
적군처럼 대립하는 현실앞에서

나라가 불안하고 심히 걱정스러워
전능하신 하나님께 간절히 기도한다

치유하고
회복시켜 주시길

영광의 왕 3

하나님
영광의 왕
역사를 주관
인생 다스리심

우리 삶
하나님께
맡겨드리고
섭리계획 순종

창조주
하나님이
우리와 함께
동행 은혜 감사

인생의
모든 문제
주님 뜻 분별
성령 은총 인도

우리 삶
변화시킨

성령님 은혜
감동 감화 충만

온전히
하나님께
맡겨드리는
복된 인생 감사

사랑이 머무는 곳

그립고
보고 싶은
내 사랑 주님께

주 사랑
엄마 같아
그리움 싸서
꿈길에 보내요

사랑이
머무는 곳
은혜 충만해
자애로운 감동

모든 것
주님 은혜
안보하심에
진정 감사해요

제7부
추억과 만난 그리움

장독대

어린시절 우리집
장독대 위에

크고 작은 다양한
장독들 풍경

눈 감아도 옹기종기
선하게 보인다

가족들 건강위해
깊이 숙성시킨

간장독 된장독
고추장 독

어머니의 손맛
정성 어린 장맛

고향 친구들

생각만 해도
따뜻한 정이 느껴진다

만나 보면
더없이 즐겁고 행복해진다

반가운 고향 친구
흥허물없이 기쁘고 편안해

그립고
보고 싶던 죽마고우들
만나니 행복해

검정 고무신

어린시절
예쁜 우리집
마당 앞 담장에
대추나무 걸터앉아
해 달 별도 쉬어가요

인자하신 아버지
온화하신 어머니
귀여운 동생들
함께 행복했어요

뒤에 있는 큰집
돌계단 올라가는 길
옆에 봉긋한 정원
감나무 한그루
큰집 옆 오래된 큰 고목
감나무 두 그루

든든히 믿어주신 할아버지
약초로 많은 생명 살리신 할머니
정겨우신 큰아버지 어머니
다정한 사촌 형제자매들

추억속에 만나요

큰대문 달린 큰집 정원
무궁화 봉숭아 나팔꽃 핀
아름다운 꽃밭
벌 나비 춤추고 있어요

사랑방 댓돌 위
검정 고무신 흰 고무신
여럿 옹기종기 모여
도란도란 소곤소곤 미소지으며
정담을 나누고 있어요

사과

복사꽃
능금꽃이
화사한 고향
무릉도원 같았어

낙동강
길게 멀리
사과향 담아
푸르게 흐르네

사과는
농부의 땀
수고의 결실
탐스러운 추억

장작

높고깊은 산에올라
톱으로써 나무베어
지게지고 집에와서
도끼로써 찍어갈라

보기좋은 장작되어
가마솥에 불피우던
그 시절이 그리워서
절로 나는 고향생각

국밥 한 그릇

일구팔칠년 어느날
학교에서 혼자 숙직근무할 때
한밤중에 경찰이 찾아왔었지

대학생들과 함께 데모한 제자가 있으니
책임지고 데려 갈 수 있느냐 묻고

체루탄가스 냄새 자욱한
마산중부경찰서 지하실에
많은 사람들이 조사받고 있었지

벌벌 떨고 있는 제자
신병인수증 길게 써주고
제자를 데리고 국밥집에 가

따뜻한 국밥 한 그릇 사서 먹이며
위로해준 기억이 새롭다

87년 민주항쟁 돌이켜보면
잊은 현기증이 새롭게 돋는다

야유회

야외에 나가니
몸과 마음시원하고

유유자적 즐기며
발걸음도 가볍고
신나게

회합하여
수건돌리기 게임 잔치
얼굴에 미소가 인다

죽마고우

반가운
고향 친구
흉허물 없어
기쁘고 편안해

그립고
보고 싶던
죽마고우들

만나면 좋아
만나니 그냥 좋아

제8부
감사와 찬양

참 좋은 예수님 2

예수님
나의 주님
사랑하는 님
길 진리 생명주

참 좋은
우리 주님
은혜 무궁해
영원한 구세주

감사의 찬양

나의목자 주님께서
참된평안 주시네요
주님만을 의지하니
모든염려 사라져요

나의사랑 주님께서
항상동행 하시네요
우리주님 안보하니
그어디나 하늘나라

나의구주 주님께서
참된소망 주시네요
우리주님 존귀영광
찬양하며 감사해요

그 언덕에서

상큼하고 향기로와
예쁜꽃들 만발하여
밝고환히 빛나는곳
푸른초장 그언덕에

은혜로운 나의구주
사랑하는 주님동행
주님품안 은혜충만
기쁨가득 복된인생

햇살 널 그리며

창조주인 하나님은
전지전능 위대하심
우주천지 해와달을
만드시고 은혜베풂

아지랑이 피어나는
따사로운 햇살받아
주님은혜 감사하며
새생명봄 소망해요

주님향기 사랑속에
복된인생 은혜충만
하나님의 극진하신
무한사랑 감사해요

감사와 찬양

하나님의 영광송축
은혜감사 찬양해요
생사화복 역사주관
안보감사 찬양해요

하나님은 우리들을
사랑하셔 몸과마음
건강하고 풍요롭게
살아가길 원하셔요

믿음이란 참좋으신
하나님을 신뢰함임
예수님이 유일하신
구원자요 주인되심

참좋으신 하나님은
우리에게 구원자인
그리스도 보내주심
참된믿음 순종의삶

하나님은 왕중의왕
나의임금 통치자요

내인생의 주인이요
하나님을 신뢰해요

우리주님 위대위엄
주님나라 찬란영광
감사하는 마음으로
찬양하며 살아가요

주님말씀 모두진실
모든업적 사랑담김
하나님의 나라영원
기도하고 섬기는삶

우리인생 참짧아도
참의미가 있는것은
영원하신 주님나라
사모하는 마음때문

우리주님 붙드심과
일으키심 채워주심
하나님이 우리의삶
지켜주심 인도하심

믿음안에 있으며는
때에맞게 넘치게도
하나님이 채워주심
경험한자 믿음성장

우리주님 의로우심
은혜로심 감사찬양
하나님께 드려지는
우리의삶 감사해요

우리주님 경외한자
소원이룸 구원하심
하나님은 우리들과
친밀하길 원하셔요

하나님은 우리들이
찾으면요 만나주심
원하면요 우리에게
다가오심 찬양해요

사랑은혜 역사하심
자애롭고 성령충만

하나님의 은혜생각
감사하며 살아가요

사랑축복 풍성하심
모든것이 은혜임을
하나님을 진정믿고
감사하며 찬양해요

주께 감사

사랑축복 풍성하심
온화롭고 성령충만
구원언약 신뢰하니
주께감사 의지해요

사랑은총 역사하심
자애롭고 진리충만
경륜섭리 신뢰하니
주께감사 감동해요

그대 가을노래

그대여
청명한 가을하늘
기쁘게 노래하라

그대여
맑은 바람 오곡백과
감사히 노래하라

산 능선
너울너울 행복을 담아
춤추며 노래하라

단풍잎
아름다운 금수강산을
길이길이 노래하라

주님께 마음 다해
사랑의 노래로
즐거이 찬양하라

참 좋으신 예수님 5

참좋으신 예수님은
선한목자 참된친구
괴로울때 평화주는
신실하심 감동감사

외로울때 따뜻하게
위로하는 좋은친구
어려울때 도와주며
사랑다정 은총감사

변치않는 멋진친구
예수님은 영원토록
동일하신 좋으신분
치료하심 회복감사

예수님은 밀어주고
끌어주는 고마운분
기도응답 은혜풍성
섭리하심 인도감사

제9부
나의 신앙 나의 삶

은혜의 강가로

예수님이 준비하신
아름다운 생명수강
수정같이 고운신비
그리스도 믿는자는
치유소성 활력생기
성령충만 생명감사

그리스도 보혈부활
생수의강 구원은혜
인생행복 비결감동
기쁨평강 은혜풍성
성령충만 사모하는
복된인생 섭리감사

믿음이란 하나님께
내인생을 맡기는것
성령충만 하나님의
이끄심에 완전하게
맡기는것 복된인생
성령님께 순종감사

하나님의 생명축복
말씀실천 충성봉사
아름다운 우리나라
생수근원 주님만나
은혜강가 나아갈때
소성하니 치유감사

우리주님 은혜의강
영원토록 무궁무진
늘푸르게 흐름감격
이은혜의 강가에로
나아와서 위대하신
주예수님 만남감사

전지전능 주하나님
은혜의강 가기위해
선입견을 버리고서
열린마음 믿음순종
우리교회 선교지에
성령역사 부흥감사

성찬식

성찬은
생명이신 예수님과
연합함이요

성찬을 통해
보혈의 은총을 입으며
주님과 일체가 되어요

성찬을 통해서
우리의 심령의
기갈을 극복해요

사죄의 은총으로 말미암아
기쁨과 평강 넘쳐나게 되어요

성찬은
부활과 영생을
소망케 하는 예식이에요

주님 오실 때에
부활의 생명으로 살아날 것을
약속하는 예식이에요

연자 맷돌

언제나
누구든지
주님을 믿는
작은 자 중 하나를
실족하게 하면

연자 맷돌이
그 목에 달려서
깊은 바다에
빠뜨려지는 것이
낫다고 교훈하셨어요

말이나
소와 같은
힘센 짐승을 부리어서
곡식을 빻는
큰 맷돌 연자방아

자신이 실족하지도
남을 실족케 하지도
않는 삶을 살아야 해요

천사도 흠모하는 것

천사도 사모하는
새로운 피조물은
사명 받은 사람

우리들
하나님 은혜의 선물
복음의 전도자

천사도 흠모하는
전도자의 사명
주 말씀 전하세

걸어온 발자취

하나님
保護와 攝理하심에
진정 感謝해요

지나온 時間들을
되돌아보고 省察해 보아요

新年을 새 각오로
準備하며 새 希望 꿈꿔요

人生事 山戰水戰 다 겪다 보니
歲月이 流水요

걸어온 발자취를 回顧해 보니
모두 主님 恩惠일 뿐

소풍

인생은
소풍같아
즐거운 삶이
보람되고 행복

웃으며
기뻐하고
감사하면서
소풍같은 인생을
아름답게 살아요

최고의 노래

나에게
최고의 노래는
주님의 은혜에
감사하는 노래예요

주님의
존귀와 영광과
은혜로우심을
찬양하는 노래예요

샬롬

샬롬은
평안과 안정을
기원하는 사랑이에요

샬롬은
하나님의 사랑과 은혜
은총이에요

샬롬은
소망가운데 행복을 비는
축복이에요

만족

내 인생 욕심없이
자족하면서
주님 안에 만족

행복이 따로 있나
구주 예수님
따라가니 만족

세상에
시련 풍파
굴곡 많아도
주님의지 만족

내 마음에

마음에 평강주신
주님의 은혜 사랑
감사해요

십자가 구속의
주님의 은혜 사랑
충만해요

마음을 다스려야
삶 다스리며
진정 행복해요

마음이
맑아져야
하나님의 뜻
분별할 수 있죠

주님 사랑

주
사랑
참사랑
헌신 사랑
십자가 사랑
목숨바친 사랑
진실된 주님사랑
영원한 하나님사랑
성부성자성령님 사랑
놀라우신 은혜 크신사랑
한량없으신 지극하신 사랑

복 있는 자

복 있는 자는
여호와의 율법을
즐거워하고

그 말씀을 주야로
묵상하는 자

그 말씀 안에
추구해야 할
하나님의 마음

여호와 하나님은
평안과 미래와
희망을 주시니 감사해요

마음에 합한 자 1

그 누구보다
하나님과의
관계를 우선시하고

우리 마음이
하나님의
마음에 합해야 해요

진정한 행복으로
가는 길로

하나님은
인도해 주시고
동행해 주셔요

마음에 합한 자 2

하나님이
진정한 행복으로
인도하시고

여호와를 기뻐하니
마음의 소원을
이루어 주셔서 감사해요

하나님이
내 마음에 합하기를
원하지 말고

내가
하나님의 마음에
합하기를 힘써야해요

주님 사랑 5

길
진리
생명주
복의 근원
참빛 구세주
주님은혜 극진
참평강 성령충만
생사화복 역사주관
참사랑동행 무한감사

푸른 꿈 2

드높은
하늘 향해
펼친 푸른 꿈
가슴속 큰 소망

마음을
담아 내는
샘솟는 시로
주님 찬양해요

제10부
순례자의 여정

기다림 5

너무나도
그리워서
보고픈 님
기다려도
오시지 않고
계절만 바뀌네요

진정으로
사랑하는 님
맞이하는 날
준비하면서
소망을 안고
살아가네요

하나님의 선물

은혜로
믿음으로
구원 얻음은
하나님의 선물

주님이
내 영혼을
소생시키면
희락이 넘쳐요

예수님 안에서
행복한 마음
즐겁고 기뻐요

천로역정

우리는 하나님을
향하여서 여행하죠
우리는 천성 향해
나아가는 순례자요
하나님 동행하시길
소망하며 사랑해요

하나님 더욱 사랑
순례자의 여정이요
참으로 귀한 지침
아름다운 영적유산
영원한 하나님나라
사모하며 소망해요

진동하지 않는 나라

세상의 모든것은
사라져도
흔들리지 않는 나라
영원한 나라를
소유한 자로서
늘 감사하며 기뻐요

예수님을 믿고
신뢰하며
보혈공로 의지하여서
생명 살리는 복음으로
주님을 바라보며
늘 동행하며 기뻐요

순례자

우리는
천성 향해
여행하는
순례자예요

하나님
동행하시니
믿음 소망 갖고
사랑하며 살아가요

천국

마음이
천국에 가 있으면
이 땅의 삶은
하나님이 책임져 주셔요

내가 할 일은
예수님 따라
마음을 천국으로
먼저 보내야 해요

하나님 나라

우리는 천성향해
나아가는 순례자니
하나님 동행하시며
소망의 기쁨 주시죠

참으로 귀한 주님
아름다운 인도자시니
영원한 하나님나라
사모하며 행복해요

하늘 본향

편안히 쉴 수 있고
돌아갈 수 있는
집이 있다는 것
참으로 다행입니다

돌아갈 고향 천국
하늘 본향 있으니
참으로 행복합니다

푸른 꿈 2

드높은
하늘 향해
펼친 푸른 꿈
가슴속 큰 소망

마음을
담아 내는
샘솟는 시로
주님 찬양해요

제11부
한시와 산책

敬賀 由南 申碩煥 先生님 古稀宴

仰賀由南榮壽辰(앙하유남영수신)이요,
後生緣戚讚詩新(후생연척찬시신)이라.
施恩裔學輝靈寶(시은예학휘령보)요,
教愛諸堂潤聖身(교애제당윤성신)이라.
吟詠祝辭佳興好(음영축사가흥호)요,
追懷善跡叡光伸(추회선적예광신)이라.
揚仁峻德誠師表(양인준덕성사표)요,
敬慕明倫世感眞(경모명륜세감진)이로다.

유남 신석환 선생님의 영광스러운 고희연을
맞이하여 우러러 축하드리고,
후학들과 학자들과 친척들은 기뻐하며
축하 시를 지어 찬양하며 기리니 감회가 새롭군요.

후학들에게 은혜를 베푸셨으니
신령한 보배로 빛나시고,
여러 제자들에게 사랑을 가르치시었으니
성스런 몸으로 온화하시네.

축하드리는 글을 읊으니
아름다운 흥취가 더욱 좋고,
훌륭하신 자취를 회고하니

밝은 빛이 더욱 펼쳐집니다.

높고 훌륭하신 德(덕)으로 仁(인)을 드날리시니
진실로 참된 스승의 師表(사표)가 되시고,
인륜의 도를 밝히시고 따르게 하심에
공경하여 사모하나니
세상 사람들도 선생님의 진면목에 감동합니다.

♡존경하는 스승님 사랑합니다
壽福康寧이 임하시고 **萬壽無疆**하옵소서!

慶賀昌信開校百周年
경하창신개교백주년

創立黌堂迓百年(창립횡당아백년)
貴賓來訪賀瓊筵(귀빈내방하경연)
冶陶品性成眞善(야도품성성진선)
寅畏天君守敬虔(인외천군수경건)
師傅仁風邦內滿(사부인풍방내만)
門徒雄志世中宣(문도웅지세중선)
開明槿域先驅校(개명근역선구교)
昌信英名永久傳(창신영명영구전)

학교를 창립하여 백 주년을 맞이하니,
귀빈들이 내방하여 옥연(玉宴)에 참여해 축하하네.

품성을 도야하여 참됨과 선을 이루게 하고,
하나님을 경외하여 경건을 지키네.

스승님의 어진 풍모(기풍)는 나라 안에 가득하고,
제자들의 웅지는 세상 가운데 펼쳤네.

우리나라를 열어 밝히는데 선구되는 학교로서,
창신의 꽃다운 이름을 영구히 전하리라.

祝 昌原發展 축 창원발전

昌原發展鳳山陽(창원발전봉산양)하고,
構築基盤大路長(구축기반대로장)이라.
盛貿興商資物積(성무흥상자물적)하고,
敎民尙學傑英張(교민상학걸영장)이라.
機工産業成强市(기공산업성강시)하고,
藝術專攻起美鄕(예술전공기미향)이라.
救恤施恩香滿溢(구휼시은향만일)하고,
當聲善政祝榮觴(당성선정축영상)이라.

창원의 발전상은 봉림산 남쪽에 펼쳐있고,
모든 도시 기반을 구축하고 사통팔달 큰 도로는
길게 뻗어있네.

무역이 성하고 상업이 흥하니 물자가 풍요롭게
쌓이고, 시민들을 교화하고 학문을 숭상하니
인물들이 넘치네.

기계공업산업으로 부강한 시를 이루었고,
예술을 전공으로 아름다운 고을을 만들었네.

구휼하고 은혜를 베풀어 향기가 가득차 넘치고
마땅히 선한 정치 행하여 평판이 나도다

창신이여, 그 이름 영원하여라

호주 선교사들의 희생과 사랑으로
순교자들의 피눈물로 세우고
파란만장한 난관을 헤치고
찬 서릿발 폭풍우도 이겨낸
일백일십일 년 세월

이제 새 시대를 열어서
힘차게 도약하는 믿음의 창신학원에는
참 사랑의 주님이 함께 하시니
늘 기쁨과 은혜가 샘 솟는다

지혜와 건강을 주시니
교실에는 진리를 향한 열정에 불타고
운동장에는 즐거운 함성이 있고
초롱꽃 드리운 등나무 그늘엔
우정어린 담소가 정겹고
채플에서는 찬양의 메아리 흥겨워
천국문이 열린다

이른 새벽 어머니의 정성으로
화초를 심고 가꾸듯
사랑하는 어린 영혼들에게

꿈과 희망을 불어넣고
진리의 말씀으로 양육하는
진정한 교육애教育愛로 키운다

학원 선교의 사명에 불타는
믿음의 동역자들로 인하여
창신학원의 전도는 밝고 환하다
창신학원이여!
그 이름 영원하여라

■ 해설

신앙을 바탕으로 한
실천신학적 명쾌한 시어의 전개
돋보이는 언어의 유희,
소박한 시심…

김 홍 식

시인, 평론가
전 창신대학 문예창작과 외래교수
경남기독문인회 회장 역임, 이사

1. 들어가면서

안승기 시인은 시인이기 이전에 그는 국어국문학에 능통한 문학박사다.

뿐만 아니라 그는 보수신학의 본체로 불리는 고려신학대학의 목회대학원을 졸업한 신학석사이면서 경남기독교사학의 중심에 우뚝 서 있는 창신대학과 창신고등학교에서 교수와 교사로, 또한 창신교회의 교육목사로, 경남한문교육연구회 회장으로 몸담고 있는 보기 드문 학자이면서 국립창원대학교 일반대학원에서 박사학위를 받은 국어국문학 박사이기도 하다.

그의 저서를 보면 "사서의 허사연구"와 성경적 명심보감, 재미있는 한자퍼즐, 한시작법, 퇴계 이황의 생애와 시 세계, 한문과 학습지도 자료를 비롯한 35권의 저작을 가진 선비의 고장인 안동 출신이며 그의 아호 "벽산"으로 알려져 있는 한문학자이기도 하다.

이러한 경륜을 가진 그가 그 동안 준비한 시들을 발표하는 시집을 발간하게 되어 기쁘기 그지없다.

이미 그는 "첫 눈이 꿈꾸는 혁명" 외에 다수의 작품집이 있고, 컴버젼즈 시선집과 샘문 시선을 통해 매우 의미 깊은 작품을 발표한바 있다.

이번에 발행하게 되는 이 시집에는 그의 신앙을 바탕으로 한 "신앙시"들을 묶어 발표하게 되었는데 칼빈주의적 신앙에 근거한 그의 시 세계는 실천신학적 시들이 주축을 이루고 있다.

더욱 주목할 부분은 한문에 능통한 그가 빚어낸 시들은 자유자재로 3.4조와 4.4조를 넘나드는 때로는 여리고, 때로는 질서있게, 때로는 명확하게, 때로는 신앙적 시어를 동원하여 시의 맛을 한 단계 높인 작품들을 선보이고 있다.

이번에 발표하는 그의 시들은 3.4조와 4.4조의 율을 살린 시들이 대거 포함되어 있다.

이러한 시를 발표하면서 그가 중요시 하고 있는 것은 명제의 분석임을 알 수 있다.

보통 우리가 명제의 분석이라고 할 때 그것은 시의 제목 즉 주제와 관련된 명쾌한 어휘의 전개를 기리키는 말인데, 이러한 명제의 분석에는 사실명제의 분석과 당위 명제의 분석 등으로 나누게 된다.

안승기 박사의 시는 대부분 사실 명제의 분석에 그 기초를 두고 있음을 알 수 있다.

그의 시제들을 살펴보면 "생명의 주, 영광의 왕, 참 좋은 예수님, 은혜의 강가로, 변함없는 반석, 주님사랑, 1월의 은혜"등이 그것이다.

그런가 하면 그의 시들은 자신의 의견을 전개하는 시들과 비교와 대조로, 그리고 논리의 순서에 근거하여 전개하는 시와, 사실을 전개하는 시, 그리고 비유로 전개하는 시들을 찾아볼 수 있다.

이외에도 그의 시들은 인용과 감상으로 전개하는 시도 찾아올 수 있고, 구체적인 묘사로 전개하는 시도 간간히 그 모습을 보여주고 있다.

이러한 다재다능한 모습을 보여주고 있는 시집은 찾아보기 어려운 것이 사실이다.

구체적인 평설에 들어가기 전에 먼저 그와의 조우를 설명하는 것이 순서인 것 같다.

선자는 그를 경남기독문인회를 통해서 알게 되었다.

경남기독문인회에 입회한 그는 정기모임과 합평회 등에 적극적으로 참여했다. 이듬해 그는 사무차장의 직임을 맡아 잘 감당해 내었고, 사무국장을 맡고부터는 그의 추진력과 행정력을 발휘하여 빈틈없는 업무의 효율성을 보여 주었다.

작품의 발표에 있어서도 그는 신앙을 바탕으로 한 신앙시의 창작에 있어서 남다른 열정을 보여 주었다.

뿐만 아니라 앞서 경남기독문인회를 이끌었던 고문, 이사들과 임원들을 초청하여 섬기는 일에 있어서도 남달리 정성을 다하여 한 아름 감동을 안겨 주기도 했다.

그래서 경기문 내에서는 가장 적극적이고, 가장 합리적으로 사무국장의 임무를 잘 감당해 낸 사무국장이었다는 칭찬의 말을 듣고 있기도 하다.

금년에 그는 경기문의 부회장의 직임을 맡게 되었다.

그의 열정적 활동이 기대된다.

2. 평설

그의 작품 속으로 들어가 볼 차례다.

가장 먼저 접하게 되는 시는 "생명의 주"란 시다.

이 시는 3연 21행의 신앙적 자유시로 "하나님의 섭리 속에 사는 모든 인생은 하나님의 것으로, 생명의 주인이신 하나님이 주신 기한 만큼 살다가 소천하게 되고, 빛으로 오신 예수 그리스도를 믿는 자는 영생과 함께 하나님의 자녀가 되는 권세를 주셨기에 주신 사명을 감당하며 살아가야 함"을 강조하고 있는 시다.

마치 요한복음 3장 16절의 말씀을 조목조목 풀어놓은 것 같은 시다.

"생명의 분량, 창조주, 생명의 주, 권세, 사명감당" 등의 어휘를 한자로 표기한 것도 시의 맛과 깊이를 더해주고 있는 특징이라 할 수 있다.

" 동백꽃 2"의 시를 살펴본다.

언급되는 동백꽃2 는 2연 8행의 민조시로 마무리 되고 있다.

선자도 한 때 민조시의 매력에 푹 젖어 있을 때가 있었다.

민조시의 매력은 우리의 정형시조보다 짧고, 일본의 하이쿠를 능가하며. 중국의 오언절구나 칠언 율시 보다도 간결한 것이 특징이다.

근대의 시풍은 길지 않은 것이 특징이다.

일본의 하이쿠의 경우는 그 독자가 이미 일천만 명을 넘었다고 하니 우리의 민조시도 더욱 발전시켜 점차로 독자를 늘려가야 한다는 생각에는 변함이 없다.

안승기 박사의 경우는 이 시 외에도 "영광의 왕, 참 좋은 예수님, 고향 친구2, 1월의 은혜, 세배, 뉴스2" 등의 작품들도 놀랍게도 민조시로 정리되어 있다.

시를 포함한 모든 문학 작품에는 단락의 전개 법이 있다.

시에 있어서는 "연"으로 표기하고, 그 외의 문학작품에서는 "단락"으로 표기한다.

연 즉 단락을 만들 때 그 무엇보다도 중요한 것은 문장의 길이에 있다.

물론 문장의 길이에는 작가에 따라서 길 수도 있고, 짧을 수도 있다.

말하자면 문학작품에 있어서 적확한 길이는 없다고 볼 수 있다.

그러나 중요한 것은 긴 문장의 경우는 독자들이 그 작품을 읽으면서 지쳐버린다는 사실이다.

따라서 길이에 대한 엄격한 기준이 없다고 하더라도 긴 연이나 긴 단락은 한마디로 독자에게 고통을 안겨 준다는 사실을 간과해선 안 된다.

문량 (글자수)이 길어지면 독자는 읽기를 포기해 버린다는 사실이다. 이런 사실을 염두에 두고 작가들은 작품을 완성해 나가야 한다는 것이다.

여기에 근거하여 명문의 작품을 만들기 위해서는 먼저 단락, 연의 길이를 짧게 해야 한다.

기승전결이나, 서론, 본론, 결론으로 마무리해야 한다는 것이다.

또 느끼거나 생각한 일을 짧게 마무리해야 하고, 논리의 순서대로 전개하는 방법과 사실을 전개하는 일 즉 있었던 일, 일어난 일, 이루어진 일에 대해서 간략하게 정리하는 방법도 있고, 실례로 전개하는 방법도 있다.

이외에 설명과 해설로 전개하는 방법과 생각을 자세히 서술 할 때는 비유로 전개하는 방법도 있다.

앞서 언급한 이 말들은 우리가 시를 완성할 때 긴 문장으로 완성하는 것 보다는 짧고, 명확한 문장으로 마무리 짓는 것이 독자들의 사랑을 받을 수 있는 비결이란 말이다.

이러한 차원에서 안승기 박사의 시를 살펴보면 여러 편의 시들을 민조시로 정리했다는 점에 주목해 보아야 한다.

"영광의 왕 3"을 보면 이 시는 6연 24행의 비교적 긴 시로 보이지만 전혀 긴 시라는 느낌을 주지 않는다.

모든 연이 4행으로 3,4,5,6으로 마무리 되고 있고, 간단명료하고,

군더더기가 없기 때문이다.

더구나 "영광의 왕 3"의 경우는 모든 연의 1행에 주제를 담고 2,3,4행에 내용을 담고 있다.

더 구체적으로 살펴보면

1행 하나님

2행 영광의 왕,

3행 역사를 주관

4행 인생 다스리심

기승전결로 마무리 하고 있다.

"하나님은 영광의 왕이시며, 역사를 주관하시고, 모든 인생을 다스리는 분이시다"를 3,4,5,6의 민조시 형태로 명쾌하게 정리했다.

2연부터 6연까지도 이러한 형태로 정리하고 있다. 머뭇거릴 새가 없다.

우리가 시를 쓸 때 꼭 염두에 두어야 할 것이 있다.

그것은 독자를 감동시키는 시, 나아가 품위 있는 시, 가치 있는 시를 창작해 내어야 힌다는 사실이다.

그러나 간혹 그러하지 못한 시가 많다는 것도 우리는 깊이 생각해 보아야 한다.

예를 들면 시의 품위를 낮추는 어휘와 독자에게 불쾌감을 안겨주는 어휘들은 한마디로 시의 품위를 낮추는 시라 할 수 있는 것이다.

이 외에도 시의 품위를 손상시키는 것들은 "혼란한 문장의 시, 문법을 무시한 문장의 시, 의도가 확실치 않은 문장의 시, 혼잡한 문장의 시, 오자와 탈자가 많은 시, 독자의 정서를 혼란시키는 시" 등이 있음도 간과해서는 안된다.

안승기 박사의 시에는 이러한 불쾌감이나, 품위를 손상시키는 시와 어휘가 없다는 점이 매우 큰 장점이다.

1연에서 독자의 주의를 이끌어 내는 문장으로 시작하여 2,3,4연에서 군더더기 없이 정갈하게 마무리 하고 있는 점 등이 안승기 시의 특징이라 할 수 있다.
 "참 좋은 예수님 2"의 경우에 있어서도
 1행 예수님
 2행 나의 주님
 3행 사랑하는 님
 4행 길, 진리, 생명주 (참 좋은 예수님 일부)
 간단명료하기에 이해하기 쉽다.
 어려운 어휘를 사용하지 않았다.
 복잡하지 않다.
 정갈한 행의 전개를 통해 연을 살찌게 하고 있다.
 중심 내용을 1행에서 언급하고 2,3,4행을 통해 명확한 답을 하고 있다.
 그런가 하면 안승기 시의 특징은 "참 좋으신 예수님 5, 은혜의 강가로 3, 변함없는 반석, 주님사랑, 나그네 5, 상고대 3, 동행 5" 등의 시에서는 우리가락 즉 4,4조의 시들을 선보이고 있다.
 3,4조나 4,4조의 시들은 우리의 구전 민요와 진솔하고 소박한 정감을 안겨주는 서정가사, 정격가사, 양반가사, 규방가사, 내방가사, 여류가사 등이 있는데 주로 3,4조나 4,4조로 전개 마무리하고 있다.
 안승기 박사가 선보이고 있는 4,4조의 시들은 우리 가사에서 보여주고 있는 것과 같이 좁은 공간에서 점차로 넓은 공간으로 그 범위를 확대해 나가고 있는 것을 볼 수 있다.
 "참 좋으신 예수님 5"를 살펴보면
 "참 좋으신 예수님은/ 선한목자, 참된 친구/ 괴로울 때 평화 주는/ 신실하심. 감동감사/

군더더기가 없기 때문이다.

더구나 "영광의 왕 3"의 경우는 모든 연의 1행에 주제를 담고 2,3,4행에 내용을 담고 있다.

더 구체적으로 살펴보면

1행 하나님

2행 영광의 왕,

3행 역사를 주관

4행 인생 다스리심

기승전결로 마무리 하고 있다.

"하나님은 영광의 왕이시며, 역사를 주관하시고, 모든 인생을 다스리는 분이시다"를 3,4,5,6의 민조시 형태로 명쾌하게 정리했다.

2연부터 6연까지도 이러한 형태로 정리하고 있다. 머뭇거릴 새가 없다.

우리가 시를 쓸 때 꼭 염두에 두어야 할 것이 있다.

그것은 독자를 감동시키는 시, 나아가 품위 있는 시, 가치 있는 시를 창작해 내어야 한다는 사실이다.

그러나 간혹 그러하지 못한 시가 많다는 것도 우리는 깊이 생각해 보아야 한다.

예를 들면 시의 품위를 낮추는 어휘와 독자에게 불쾌감을 안겨주는 어휘들은 한마디로 시의 품위를 낮추는 시라 할 수 있는 것이다.

이 외에도 시의 품위를 손상시키는 것들은 "혼란한 문장의 시, 문법을 무시한 문장의 시, 의도가 확실치 않은 문장의 시, 혼잡한 문장의 시, 오자와 탈자가 많은 시, 독자의 정서를 혼란시키는 시" 등이 있음도 간과해서는 안된다.

안승기 박사의 시에는 이러한 불쾌감이나, 품위를 손상시키는 시와 어휘가 없다는 점이 매우 큰 장점이다.

1연에서 독자의 주의를 이끌어 내는 문장으로 시작하여 2,3,4연에서 군더더기 없이 정갈하게 마무리 하고 있는 점 등이 안승기 시의 특징이라 할 수 있다.
　"참 좋은 예수님 2"의 경우에 있어서도
　1행 예수님
　2행 나의 주님
　3행 사랑하는 님
　4행 길, 진리, 생명주 (참 좋은 예수님 일부)
　간단명료하기에 이해하기 쉽다.
　어려운 어휘를 사용하지 않았다.
　복잡하지 않다.
　정갈한 행의 전개를 통해 연을 살찌게 하고 있다.
　중심 내용을 1행에서 언급하고 2,3,4행을 통해 명확한 답을 하고 있다.
　그런가 하면 안승기 시의 특징은 "참 좋으신 예수님 5, 은혜의 강가로 3, 변함없는 반석, 주님사랑, 나그네 5, 상고대 3, 동행 5" 등의 시에서는 우리가락 즉 4.4조의 시들을 선보이고 있다.
　3,4조나 4,4조의 시들은 우리의 구전 민요와 진술하고 소박한 정감을 안겨주는 서정가사, 정격가사, 양반가사, 규방가사, 내방가사, 여류가사 등이 있는데 주로 3,4조나 4,4조로 전개 마무리하고 있다.
　안승기 박사가 선보이고 있는 4,4조의 시들은 우리 가사에서 보여주고 있는 것과 같이 좁은 공간에서 점차로 넓은 공간으로 그 범위를 확대해 나가고 있는 것을 볼 수 있다.
　"참 좋으신 예수님 5"를 살펴보면
　"참 좋으신 예수님은/ 선한목자, 참된 친구/ 괴로울 때 평화 주는/ 신실하심, 감동감사/

변치 않는 멋진 친구/ 예수님은 영원토록/ 동일하신 좋으신 분/ 치료하심 회복 감사"

(참 좋으신 예수님 5 일부)

우리 민요나 가사에서 보는 것처럼 점차로 그 범위가 확대되어 가고 마무리 하고 있다.

이 시는 4연 16행의 정형적 신앙 시로서 "참 좋으신 예수님"으로 시작하여 "섭리하심, 인도 감사"로 마무리 짓고 있다.

이 4, 4조의 전개는 연과 행이 더해 가면서 주제의 표현 즉 참 좋으신 예수님에 대해서

"밀어주고, 끌어주고, 섭리하심"의 구체적인 표현으로 마무리 하고 있다.

"은혜의 강가로"도 같은 형식으로 정리하고 있는데 각 연을 6행으로 통일하여 6연 36행으로 마무리 하고 있다.

긴 장시 이지만 장시 같은 느낌을 주지 않는다.

그 이유는 4.4조 즉 민요풍의 흐름이 각 연을 지배하고 있기 때문이다.

"은혜의 강가로"란 주제를 걸고 연과 행이 더해 갈수록 개괄적 내용과 주제의 묘사, 잇는 말의 적당한 배열이 절묘하게 연결되어 있는 것을 볼 수가 있다.

우리가 시를 쓸 때 유의해야 할 수칙이 있다.

그것은 현실감과 생활감이 있는 문장이 되어야 하고, 쉬운 문장으로 써야한다는 수칙이 그것이다.

안승기 박사의 4,4조 시의 전개에는 지극히 현실감과 생활감이 담겨있는 문장으로 정리되어 있다는 점이다.

그의 시에 담겨있는 현실감과 생활감이 있는 문장을 찾아보면

"그리스도 믿는 자는 치유소성, 활력생기/ 인생행복, 비결감동/ 복

된 인생, 섭리감사/

　열린 마음, 믿음순종/ 소성하니 치유감사" 등의 어휘들이다.

　현실감과 생활감이 있는 어휘들이다.

　그런가 하면 또 한편 안승기의 시에서 눈여겨 볼 수 있는 시는 어휘의 나열을 통해 언어의 탑을 쌓은 시가 있다는 점이다.

　행을 더해 가면서 점차로 늘어나는 형태를 갖추어 표면적으로 볼 때 안정감을 주고 있는

시가 있다.

그 대표적인 시가 "주님사랑 3, 5" 등의 시들이다.

주님사랑 5를 살펴보면

1행 길

2행 진리

3행 생명주

4행 복의근원

5행 참 빛 구세주

6행 주님은혜 극진

7행 참 평강 성령 충만

8행 생사화복 역사주관

9행 참 사랑 동행. 무한감사　(주님사랑 5 전문)

　신앙적 어휘를 사용하여 안정감 있는 언어의 탑을 멋지게 쌓아 올렸다.

　형태상 안정감을 주는 구도여서 읽는데 어려움이 없다.

　점차로 늘어나는 어휘의 연결에 흥미감이 생겨나게 한다.

　많지는 않았지만 간혹 필자도 이러한 형태의 시를 접하긴 했어도 그냥 무감각하게

보아 넘긴 것이 사실이었다.

그런데 안승기 박사의 시를 평설하면서 다가오는 부딪침이 있었다.

그것은 현실감과 생활감 있는 어휘들을 사용하여 언어의 탑을 쌓아가는 이러한 시의 형태에 대한 연구와 실행도 있어야 함을 깨닫게 되었다.

왜냐하면 시를 비롯한 모든 문학작품은 읽혀질 때 그 작품은 살아 숨 쉬는 작품이 되고

감동과 공감을 안겨주는 작품이 된다는 사실 때문이다.

그러니까 읽혀지는 시를 만드는 방법에 있어서 언어의 탑을 쌓는 일도 그 일환이 될 것이란 생각이 들었기 때문이다.

안승기 박사의 시에는 또 하나 특징이 있다.

그것은 그의 섬세한 삶의 기술에서 만들어진 작품 때문이다.

그는 "고마운 분들"이란 시를 통해 먼 지나간 시절 안동의 녹전국민학교 시절부터 시작해서 그의 오늘이 있기까지 도움주신 분들을 잊지 않고 시로 승화 시키고 시의 주인공으로 담고 있다는 점이다.

그의 소박함과 진실함을 느낄 수 있게 해 주는 대목이다.

이 시에 담긴 주인공들의 면면을 살펴보면 "자신을 업고 학교로 데려가서 공부하게 한 사촌누나, 포은 정몽주의 단심가를 화선지에 써준 이원기 선생님과 중학교 시절 시에 관심을 갖도록 해 준 이시희 국어 선생님, 안동고 시절 3학년 담임이었던 박남석 선생님, 안동대 시절 김세한 교수님, 김태안 교수님, 안병렬 교수님, 그의 오늘이 있기까지 뒷바라지해 준 부모님과 아내...

끝없이 이어지는 그의 소박한 진심이 담긴 고마운 분들에 대한 감회는 읽는 이로 하여금 그의 진심어린 감사를 느낄 수 있게 해준다.

뿐만 아니라 그는 목회자가 된 이후에도 그의 신앙은 오직 한 길, 주님을 향한 그의 열심 신앙이 담긴 시들을 선보이고 있다.

이른바 "기다림 5, 대림절, 기다림 3, 의의 태양"등의 시들이다.

그의 신심이 느껴지게 하는 시 "기다림 5"를 살펴본다.

이 시는 2연 12행의 신앙적 서정시다.

"너무나도 그리워서/ 보고픈 님/ 기다려도 오시지 않고/ 계절만 바뀌네요/

진정으로 사랑하는 님/ 맞이하는 날/ 준비하면서/ 소망을 안고 살아가네요 "

(기다림 5 전문)

그의 신앙적 서정이 가득 담긴 시다.

문득 주기철 목사가 읊조렸던 시를 떠 올리게 한다.

"낮에나 밤에나 눈물 머금고/ 내 주님 오시기를 고대 합니다/

오! 주여 /언제나 오시렵니까?"

맥락을 같이하고 있는 신앙적 서정시다.

이 시를 통해서 알 수 있는 것은 그의 변치 않는 신앙심이다.

"너무나 그리워서 보고픈 님/ 진정으로 사랑하는 님"이란 대목에서 그의 신심이 전해지는 시다.

그런가 하면 그의 신앙 시는 "푸른 꿈 2"를 통해서도 고스란히 전해진다.

드높은 하늘 향해/ 펼친 푸른 꿈/ 가슴 속 큰 소망/ 마음을 담아내는/ 샘솟는 시로/

주님 찬양해요 (푸른 꿈 2 전문)

민조시의 형태를 빌려 그의 푸른 꿈을 펼쳐놓고 있는 신앙 시다.

그런가하면 그는 동시풍의 시 "몽당연필"을 통해서도 그의 소박한 동심을 느낄 수 있게 해 주고 있다.

"긴 연필이 사명을 잘 감당해/ 몽당연필 되어/ 필통 속에서/ 오순도순/ 도토리 키 재기 해요/ 어린 시절 추억을 그리며/ 행복감에 젖어요/ 내 인생도 주님위해/ 몽당연필 되겠어요"

(몽당연필 전문)

  동시풍의 이 시 몽당연필을 통해 느낄 수 있는 것은 그의 신앙의 각오다.

  주어진 사명을 잘 감당해서 몽당연필이 되겠다는 믿음이 가득찬 시다. 그의 순수한 동심의 신앙심을 느끼게 해 준다.

3. 결어

  안승기 박사의 시를 대략이나마 평설해 보았다.

  그의 시를 접하면서 느낄 수 있었던 것은 그의 시는 하나같이 문장의 호응관계와 문법의 정확성이 가미되어 있었다.

  뿐만 아니라 그의 시들은 문체의 흐름이 정갈했다는 점이다.

  그런가 하면 그의 시는 어휘를 쌓아서 이해를 돕는 언어의 탑을 쌓았다는 점도 높이 평가되어야 한다는 생각이 들었다.

  안승기 박사의 시는 시작부터 마무리까지 문장이 길지 않다는 점이었고, 연의 구분이 매우 정확했으며, 신앙시가 주류를 이룬 가운데 시의 소재들이 신성했다는 점이다.

  거기에 하나 더 첨언 할 수 있는 것은 모든 시에서 논리가 정연 했다는 점이다.

  때로는 정중하고, 웅대한 시도 있었고, 간결체를 이용한 압축적 시의 전개도 돋보였다.

  또 하나 뺄 수 없는 것은 그의 왕성한 창작 열의에 박수를 보내지 않을 수 없다.

  평설을 마무리하면서 이번 시집에서 보여준 신앙 시들을 바탕으로 하여 더 많은 독자들을 품어 안을 수 있는 큰 시인으로 성장해 주기를 바라면서 필을 놓는다.

소중한 당신

안승기목사 첫번째 시집

인쇄일	2025년 03월 20일
발행일	2025년 03월 31일
지은이	안승기
디자인	도서출판 평강
펴낸곳	도서출판 평강
	창원시 마산합포구 남성로 28
	☎ 055) 245-8972
	E-mail. pgprint@nate.com

· 도서출판 평강과 저자의 서면 동의 없는 무단 전재 및 복제를 금합니다.
· 저자와의 협의에 따라 인지는 생략합니다.

ISBN 979-11-89341-38-1 03600